Das verbastelbare Weihnachtsbuch

Floral Winter

Papierdesigns zum Ausschneiden, Verbasteln und Dekorieren

Inhalt

Filigrane Schneeflocke 17
Blumenanhänger 19
Faltornamente 21
Süße Papierschleifen 25
Kleine 3-D-Sterne 27
Retro-Girlande 29
Edle Weihnachtskugel 33
2in1: Baumschmuck & Geschenkverpackung 35
Zwei Falt-Rentiere 37
Geschenkanhänger 39
Zwei Papierherzen 41
Sternkugel 43
Floraler Teelichtkegel 45
Kleiner Briefumschlag 47
Fold & Cut-Tannenbaum 49
Wimpelgirlande 51
Tannenbaum-Klappkarte 55
Sternblumen 57
Stecktannenbaum 59
Sternkarten 61
Eleganter Flechtstern 63
Knallbonbon-Geschenkverpackungen 65
Weihnachtsgruß im Umschlag 69
Kleine Geschenkbox 71
Tannenbaumkarten zum Aufstellen 73
Großer 3-D-Stern 75
Postkarten 77

Die hübsche Wimpelgirlande kannst du auf S. 53 ausschneiden.

Weihnachtszeit aus Papier

Lebkuchenaroma, Kerzenlicht und Weihnachtsmusik – kaum eine Jahreszeit weckt so wohlig-warme Erinnerungen und zaubert so einzigartige Momente wie Weihnachten. Selbstgebastelte Weihnachtsdeko für dein Zuhause gehen Hand in Hand mit köstlichen selbstgebackenen Plätzchen und sind einfach ideal, um dich zusammen mit deinen Liebsten auf die besinnlichste Zeit des Jahres einzustimmen. Ob als Geschenk für besondere Menschen oder zur Verschönerung deiner eigenen vier Wände, dieses Verbastelbuch gibt dir die Möglichkeit, ganz einfach und mit wenig Aufwand zauberhafte Papierdekorationen zu erschaffen, liebevolle Weihnachtsgrüße zu verschicken und kleine Aufmerksamkeiten besonders hübsch zu verpacken.

Für die liebevoll gestalteten Bastelbögen habe ich wunderbare Papierdesigns in einem zeitlosen floralen Landhaus-Look ausgewählt, die dein Zuhause in eine weihnachtliche Wohlfühloase verwandeln werden. Entdecke auf den kommenden Seiten zauberhafte Weihnachtssterne, Geschenkverpackungen und -anhänger oder stimmungsvolle Grußkarten – hier findest du für jeden Weihnachtsmoment das passende Projekt. Lass dich von den vielfältigen Motiven inspirieren, schnapp dir eine Schere und etwas Bastelkleber und stimme dich auf die schönste Zeit des Jahres ein!

Ich wünsche dir viel Freude beim Basteln und ein frohes Weihnachtsfest!

Louise Lindgrün

Materialien & Hilfsmittel

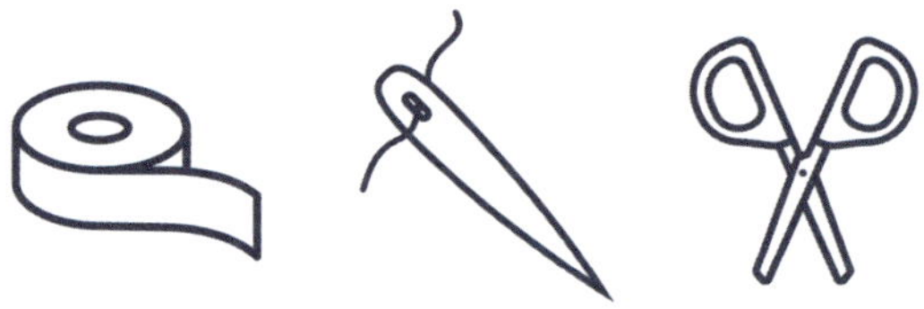

Der Großteil der Modelle benötigt zum Verbasteln lediglich eine **Schere** und etwas **Bastelkleber** oder, um dir die Arbeit noch einfacher zu machen, **doppelseitiges Klebeband.** Außerdem solltest du dir eine **Nähnadel** und **Faden** bereit legen, damit du deinen selbstgebastelten Baumschmuck und die Girlanden aufhängen kannst.

Für optimale Ergebnisse empfehle ich dir außerdem folgende Materialien und Hilfsmittel:

Büro- oder **Wäscheklammern,** um einige Modelle optimal in Form zu halten während der Kleber trocknet. Das ist besonders hilfreich für den Flechtstern auf S. 63 oder die Sternblumen auf S. 57.

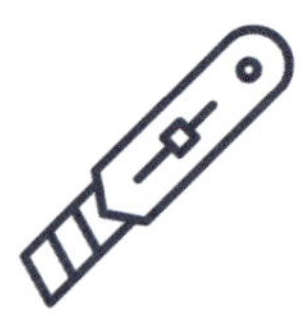

Cuttermesser und eine **Schneideunterlage:** Damit kannst du den Teelichtkegel auf S. 45 oder die Knallbonbons auf S. 65 einfach und genau zurecht schneiden.

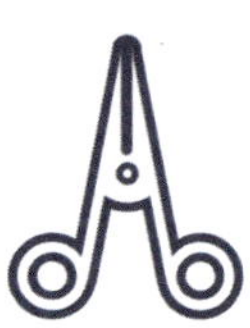

Eine **Präzisionsschere** für Details, beispielsweise für die Ornamente auf S. 21 oder die Geschenkanhänger auf S. 39.

Schöne **Schleifenbänder** für Baumschmuck und Geschenkverpackungen.

Die Sternkugel wird auf S. 43 verbastelt.

Die Vorlagen für den Blumenanhänger findest du auf S. 19.

Blumenanhänger & Sternkugel

SCHERE • DOPPELSEITIGES KLEBEBAND NADEL & FADEN

1 Schneide die zwölf Vorlagen entlang der weißen Linie aus und falte die Halbkreise/Zacken entlang der gestrichelten Linie nach außen.

2 Nun versiehst du die Halbkreise/Zacken auf der Rückseite mit doppelseitigem Klebeband und klebst sie nach und nach aufeinander: so schließt du die Kugeln!

3 Durchsteche eine/n der Halbkreise/Zacken mit Nadel und Faden und knote den Faden zu einer Schlaufe, um deinen Baumschmuck aufzuhängen.

2IN1

Baumschmuck & Geschenkbox

BASTELKLEBER • LINEAL • CUTTER & SCHNEIDEUNTERLAGE • NADEL & FADEN

1 Schneide alle Vorlagen entlang der durchgezogenen Außenlinien aus und falze die daraus entstandenen Elemente an den gestrichelten Linien nach innen. Verklebe die beiden Hauptelemente an Klebestelle 1.

2 Nun schließt du die Lücken mit den kleinen, seitlichen Klebestellen 2.

3 Verschließe den Boden, indem du das Sechseck von unten in die Christbaumkugel klebst. Achte darauf, dass du die Klebestellen 3 auf der Innenseite festklebst!

4 Wenn du die Kugel auch als Verpackung verwenden möchtest, verstecke nun ein kleines Geschenk darin! Befestige außerdem mit Nadel und Faden eine Schlaufe zum Aufhängen in der Mitte des Deckels.

5 Klebe den Deckel fest.

Auf S. 35 kannst du diesen praktischen Baumschmuck verbasteln, der auch als Geschenkverpackung dienen kann.

Großer 3-D-Stern

Den großen 3-D-Stern verbastelst du auf S. 75.

SCHERE • DOPPELSEITIGES KLEBEBAND
BAND ZUM AUFHÄNGEN

1 Schneide die Vorlagen für die beiden Sternmodule entlang der Außenlinien aus.

2 Nun falzt du die gestrichelten Linien beider Module vor. Entlang der kurz gestrichelten Linien falzt du die Module nach innen, entlang der lang gestrichelten Linien falzt du nach außen.

3 Falte die Klebestellen nach innen und klebe auf jede Fläche einen schmalen Streifen doppelseitiges Klebeband. Darauf klebst du bündig das andere Sternmodul und drückst die beiden Module an den Klebstellen fest zusammen. Denk daran, bei diesem Schritt ein Band zum Aufhängen einzukleben!

4 Durch die Falzlinien kannst du deinen 3-D-Stern nun ganz einfach in Form bringen.

Die kleinen 3-D-Sterne gibt es auf S. 27.

Kleine 3-D-Sterne

SCHERE • BASTELKLEBER • NADEL & FADEN

1 Schneide die Sternvorlagen entlang der durchgezogenen Außenlinien aus. Die durchgezogene Linie rechts neben der Klebefläche schneidest du auch ein.

2 Falze die gestrichelten Linien nach innen, streiche die Klebefläche mit Kleber ein und klebe sie mit der rechten Sternspitze zusammen: Der Bauch deines Sterns wölbt sich nach außen!

3 Nun klebst du immer zwei gleich große Sterne an den Innenseiten der Sternspitzen bündig aufeinander. Lasse den Kleber trocknen und bringe mit Nadel und Faden eine Schlaufe zum Aufhängen der Sterne an.

Auf S. 29 verbastelst du diese hübsche Girlande aus Retro-Ornamenten.

Retro-Girlande

CUTTER & SCHNEIDEUNTERLAGE • BASTELKLEBER FADEN ZUM AUFHÄNGEN

1 Schneide alle Vorlagen mit einem Cutter entlang der durchgezogenen Linien aus. Wenn du besonders vorsichtig bei den Innenteilen vorgehst, kannst du auch diese für deine Girlande verwenden!

2 Nun faltest du alle Vorlagen entlang der gestrichelten Linien zur Hälfte und klebst die passenden Elemente an den gefalzten Hälften zusammen. Achtung! Lasse die letzte Seite offen, um alle Elemente der Girlande an dem Faden aufzureihen, nachdem du sie vorbereitet hast.

3 Arrangiere die Elemente nach deinem Belieben an dem Faden und verklebe nun die letzten Hälften. Damit deine Retro-Ornamente besser zusammenhalten, fixiere das Papier mit Büroklammern aneinander, während der Kleber trocknet!

4 Jetzt kannst du deine Girlande senkrecht aufhängen.

Zwei Falt-Rentiere

PRÄZISIONSSCHERE

1 Schneide die beiden Rentier-Vorlagen an den weißen Außenlinien aus.

2 Die gestrichelte Rückenlinie falzt du nach innen, die Linie am Hals entlang sowie die nach rechts und links abgehenden Linien falzt du nach außen und die Kopflinie wieder nach innen – dabei falten sich die Rentiere wie von Zauberhand in Form!

3 Knicke nun noch die Ohren und die Geweihe deiner Rentiere nach oben.

Die beiden süßen Rentiere faltest du auf S. 37.

Die beiden Papierherzen findest du auf S. 41.

Zwei Papierherzen

SCHERE • BASTELKLEBER • BÜRO- ODER WÄSCHEKLAMMERN • BAND ZUM AUFHÄNGEN

1 Schneide die Papierstreifen entlang der durchgezogenen Linien aus. Pro Herz brauchst du zwei lange und zwei kurze Papierstreifen.

2 Klebe die Enden der kurzen Papierstreifen mit einem Tropfen Bastelkleber bündig zu Schlaufen zusammen und fixiere sie mit Klammern. Du hast nun vier kleine Papierschlaufen.

3 Sobald der Kleber getrocknet ist, kannst du die Klammer entfernen. Nun klebst du die längeren Papierstreifen auf die gleiche Weise über die kleinen Schlaufen und fixierst auch diese mit Bastelkleber und einer Klammer, um vier Doppelschlaufen zu erhalten.

4 Zum Schluss klebst du je zwei der Doppelschlaufen zu Herzen zusammen und fixierst auch diese zum Trocknen mit einer Klammer. Wenn der Kleber getrocknet ist, kannst du die Klammern entfernen und die Herzen mit dem Band aufhängen.

Knallbonbon-Geschenkverpackungen

CUTTER & SCHNEIDEUNTERLAGE • LINEAL
DOPPELSEITIGES KLEBEBAND • GESCHENKBAND

1 Schneide die Vorlagen entlang der durchgezogenen Außenlinien mithilfe des Lineals und des Cutters aus. Achte darauf, auch die rautenförmigen Zwischenräume auszuschneiden!

2 Nun falzt du die beiden Knallbonbons an den gestrichelten Falzlinien nach innen und verschließt sie mit einem Streifen doppelseitigem Klebeband an der Klebefläche.

3 Verschließe die Knallbonbons mit einem hübschen Schleifenband auf einer Seite, befülle sie mit kleinen Geschenken und Überraschungen und verschließe danach auch die andere Seite.

Diese Knallbonbons knallen zwar nicht wirklich so wie ihre britischen Vorbilder, als kreative und außergewöhnliche Geschenkverpackungen werden sie aber einige Blicke auf sich ziehen!

Die Vorlagen für die Knallbonbons gibt es auf S. 65.

Kleine Geschenkbox

BASTELKLEBER • SCHERE

1 Schneide die Vorlage entlang der durchgezogenen Außenlinie aus und falze sie an allen gestrichelten Linien nach innen.

2 Gib etwas Bastelkleber auf die Außenseiten der Klebestellen und klebe sie auf der Innenseite der Geschenkbox bündig fest.

3 Sobald der Kleber getrocknet ist, kannst du die Box mit liebevollen kleinen Überraschungen füllen, die unbebilderten Laschen nach innen klappen und darüber mit den drei Laschen mit Haken verschließen!

Auf S. 71 verbastelst du diese süße kleine Geschenkbox.

Der Fold & Cut-Tannenbaum auf S. 49 ist blitzschnell ausgeschnitten und ein echter Blickfang.

Fold & Cut-Tannenbaum

SCHERE • BAND ZUM AUFHÄNGEN

1 Trenne das Blatt heraus und falte es entlang der gestrichelten Linie nach außen zur Hälfte.

2 Jetzt schneidest du die Silhouette des Tannenbaums aus – da du das Blatt zusammengefaltet lässt, entsteht direkt ein vollständiger Tannenbaum!

3 Schneide die waagerechten Linien auf dem Tannenbaum ein und falte den Baum wieder auf. Die so entstandenen Streifen knickst du abwechselnd nach innen und nach außen.

4 Hänge den Tannenbaum an einem Band ins Fenster oder verwende ihn als Baumschmuck.

Sternblumen

SCHERE • BASTELKLEBER
BÜRO- ODER WÄSCHEKLAMMERN • BAND ZUM AUFHÄNGEN

1 Schneide für beide Sternblumen die Vorlagen entlang der Schneidelinien aus und klebe jeden Papierstreifen zu einem Hörnchen, indem du die Spitzen bündig übereinander legst wie in der Schrittskizze. Fixiere die Hörnchen mit Klammern und lasse den Kleber trocknen.

2 Jetzt klebst du pro Sternblume jeweils sieben gleich große Hörnchen an den Seiten aneinander, die Spitzen zeigen dabei nach außen. Auch hier hilft es, die Hörnchen mit Klammern aneinander zu befestigen, damit die Sternblumen in der optimalen Form trocknen!

3 Sobald der Kleber getrocknet ist, entfernst du die Klammern und hängst die Sternblumen mit Bändern auf. Du kannst die beiden Blumen auch kombinieren, indem du die kleine Blume mittig auf die Rückseite der großen Blume klebst.

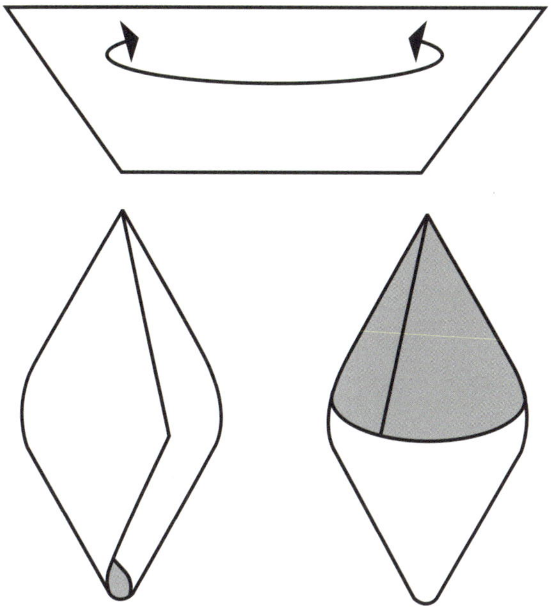

Auf S. 57 findest du gleich zwei dieser hübschen Sternblumen.

Motivkarten-Aufsteller

CUTTER & SCHNEIDEUNTERLAGE • LINEAL

1 Schneide die Karten mithilfe des Lineals auf der Schneideunterlage entlang der Außenlinien aus.

2 Schneide die Stern- und Tannenbaumspitzen ein: Bei den Tannenbäumen wird der schraffierte Bereich ausgeschnitten, die Sternspitze schneidest du bis zur Mitte der Karte ein.

3 Falte die Karten entlang der gestrichelten Linien nach außen. Achte dabei darauf, dass du die Spitzen nicht faltest!

Die Stern- und Tannenbaumkarten zum Aufstellen schneidest du auf S. 61 und S. 73 aus.

Den Stecktannenbaum kannst du auf S. 59 verbasteln.

Stecktannenbaum

SCHERE

1 Schneide alle Tannenbäume entlang der Außenlinien aus. Schneide auch die senkrechten Linien ein.

2 Jetzt steckst du die Tannenelemente zu einem Tannenbaum zusammen: stecke die kleinen Tannen abwechselnd ineinander, sodass sie in der Mitte ein Quadrat bilden.

3 Danach steckst du das große Tannenelement mit dem Schlitz in der Spitze von oben in die Mitte der kleinen Tannen. Stecke das Element mit den drei Schlitzen am unteren Ende in das Bäumchen.

4 Um den Stecktannenbaum zusätzlich zu stabilisieren, kannst du noch einen Streifen Papier um den Stamm wickeln und festkleben.

Weihnachtsgruß im Umschlag

SCHERE

1 Schneide die Vorlage entlang der Außenlinien aus.

2 Jetzt falzt du die Umschlagklappen entlang der gestrichelten Linien nach innen.

3 Du verschließt den Umschlag, in dem du die Rundungen nacheinander überlappst und zusammenschiebst.

Den kleinen Grußkartenumschlag findest du auf S. 69.

Faltornamente

(PRÄZISIONS-)SCHERE • KLEBESTIFT
BÜRO- ODER WÄSCHEKLAMMERN
BAND ZUM AUFHÄNGEN

1 Schneide alle Vorlagen aus und falte sie entlang der gestrichelten Linie zur Hälfte, sodass das Papierdesign innen liegt. Lege dir jeweils acht der ausgeschnittenen Vorlagen pro Ornament zurecht.

2 Nun klebst du die dunkelroten Hälften der Vorlagen nach und nach bündig aufeinander – damit das Papier sich nicht voneinander löst, kannst du es mit Büro- oder Wäscheklammern fixieren, während der Kleber trocknet.

3 Bevor du die letzten Hälften schließt, knote das Band zu einer Schlaufe und klebe es in der Mitte deiner Ornamente fest.

Auf S. 21 findest du Vorlagen für zwei filigrane Faltornamente.

Die Tannenbaumklappkarte kannst du auf S. 55 ausschneiden.

Dieser sagenhafte Flechtstern ist einfacher, als er aussieht. Verbastle ihn auf S. 63!

Auf S. 25 kannst du kleine Papierschleifen zur Verschönerung deiner Geschenke basteln.

Die edle Weihnachtskugel bastelst du ganz einfach auf S. 33.

Die filigrane Schneeflocke befindet sich auf S. 17.

Den praktischen kleinen Briefumschlag hast du auf S. 47 schnell verbastelt.

Den floralen Teelichtkegel kannst du auf S. 45 ausschneiden.

Filigrane Schneeflocke

SCHERE

1 Schneide die Vorlage entlang der weißen Außenlinie aus und falte das Blatt entlang der diagonal gestrichelten Linie von Spitze zu Spitze. Das vorgezeichnete Motiv muss dabei oben liegen.

2 Nun faltest du die Spitze auf der rechten Seite des Dreiecks entlang der linken gestrichelten Linie nach oben, wendest das gefaltete Blatt, sodass das vorgezeichnete Schneeflocken-Muster unten liegt, und faltest die rechts liegende Spitze nach links oben.

3 Falte das Dreieck in der Mitte, sodass das Motiv an der geschlossenen Seite anliegt, schneide entlang der durchgezogenen Außenlinie die Schneeflocke aus, und falte sie wieder auf!

Blumenanhänger

Die Anleitung findest du auf S. 5.

Falt-ornamente

Die Anleitung findest du auf S. 14.

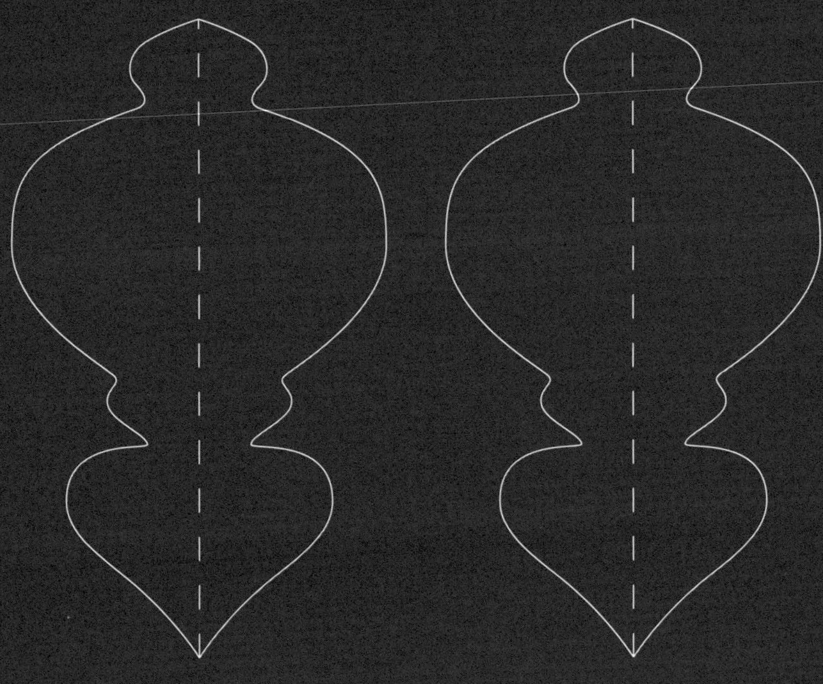

Süße Papierschleifen

SCHERE • BASTELKLEBER

1 Schneide die Vorlagen aus.

2 Biege die beiden äußeren Enden von Vorlage 1 nach hinten und klebe sie bündig auf die Rückseite.

3 Nun umwickelst du die Mitte von Vorlage 1 mit dem Rechteck, das du aus Vorlage 2 ausgeschnitten hast, und klebst dieses fest.

4 Zum Schluss klebst du das so entstandene Schleifenelement auf Vorlage 3!

2
3
1
3
3
1
1
2
2

Kleine 3-D-Sterne

Die Anleitung findest du auf S. 6.

Klebestelle
Klebestelle
Klebestelle
Klebestelle
Klebestelle
Klebestelle

Retro-Girlande

Die Anleitung findest du auf S. 7.

Edle Weihnachts-kugel

PRÄZISIONSSCHERE • BÜROLOCHER
BASTELKLEBER
SCHLEIFENBAND ZUM AUFHÄNGEN

1 Schneide die Vorlage entlang der Außenlinien aus und stanze die weiß gekennzeichneten Kreise mit einem Bürolocher aus.

2 Nun klebst du nach und nach alle oberen und unteren Kreise bündig aufeinander. Die gelochten Kreise bilden die Oberseite der Kugel, die geschlossenen Kreise bilden die Unterseite. Bevor du die letzten beiden Kreise der unteren, nicht-gelochten Seite miteinander verklebst, knotest du dein Schleifenband zu einer Schlaufe und fädelst es durch das Loch zur Aufhängung, sodass der Knoten in der Kugel verschwindet.

3 Verschließe deine Weihnachtskugel an der Unterseite und hänge sie in deinen Baum!

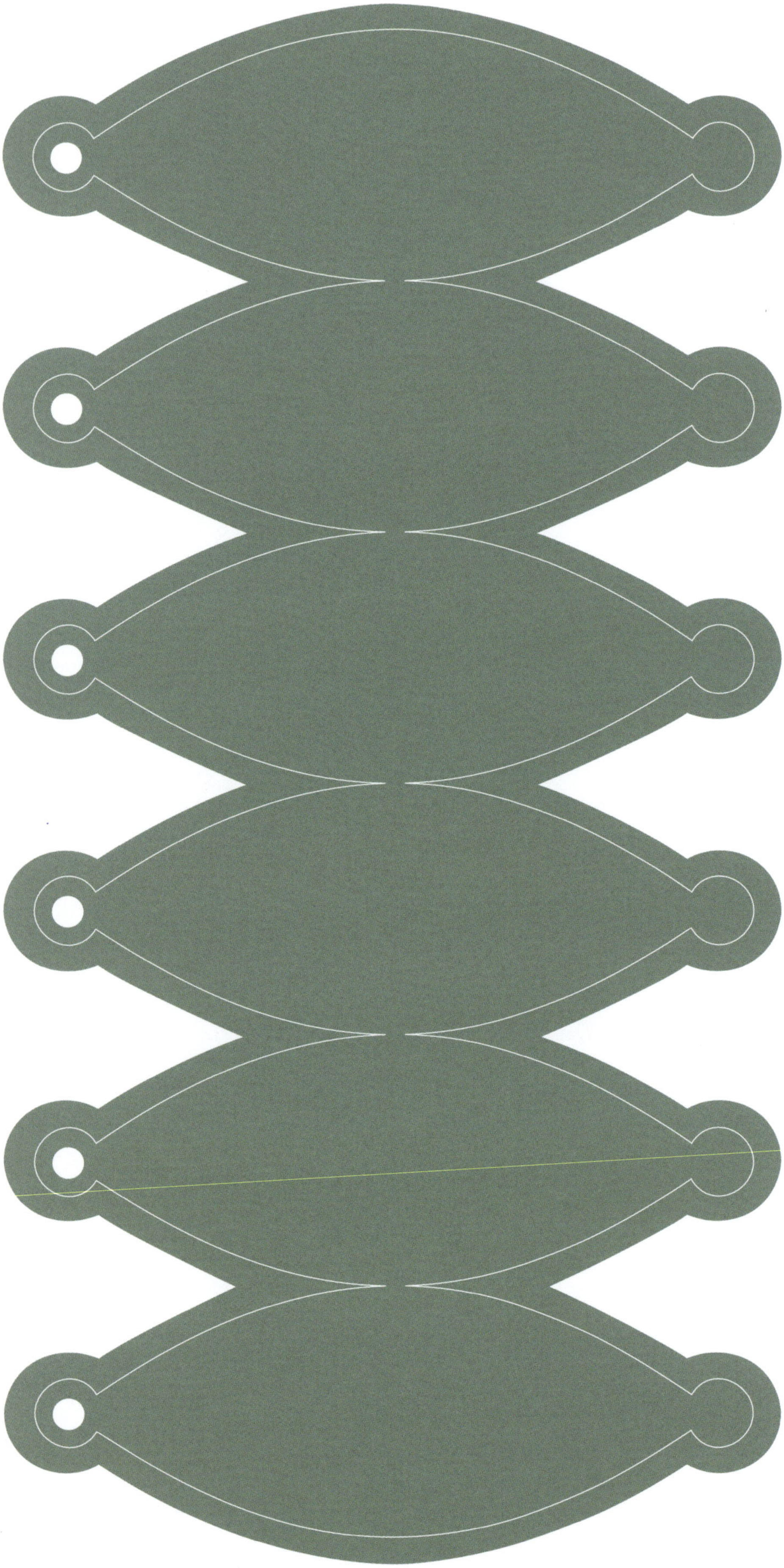

2IN1

Baumschmuck & Geschenkverpackung

Die Anleitung findest du auf S. 5.

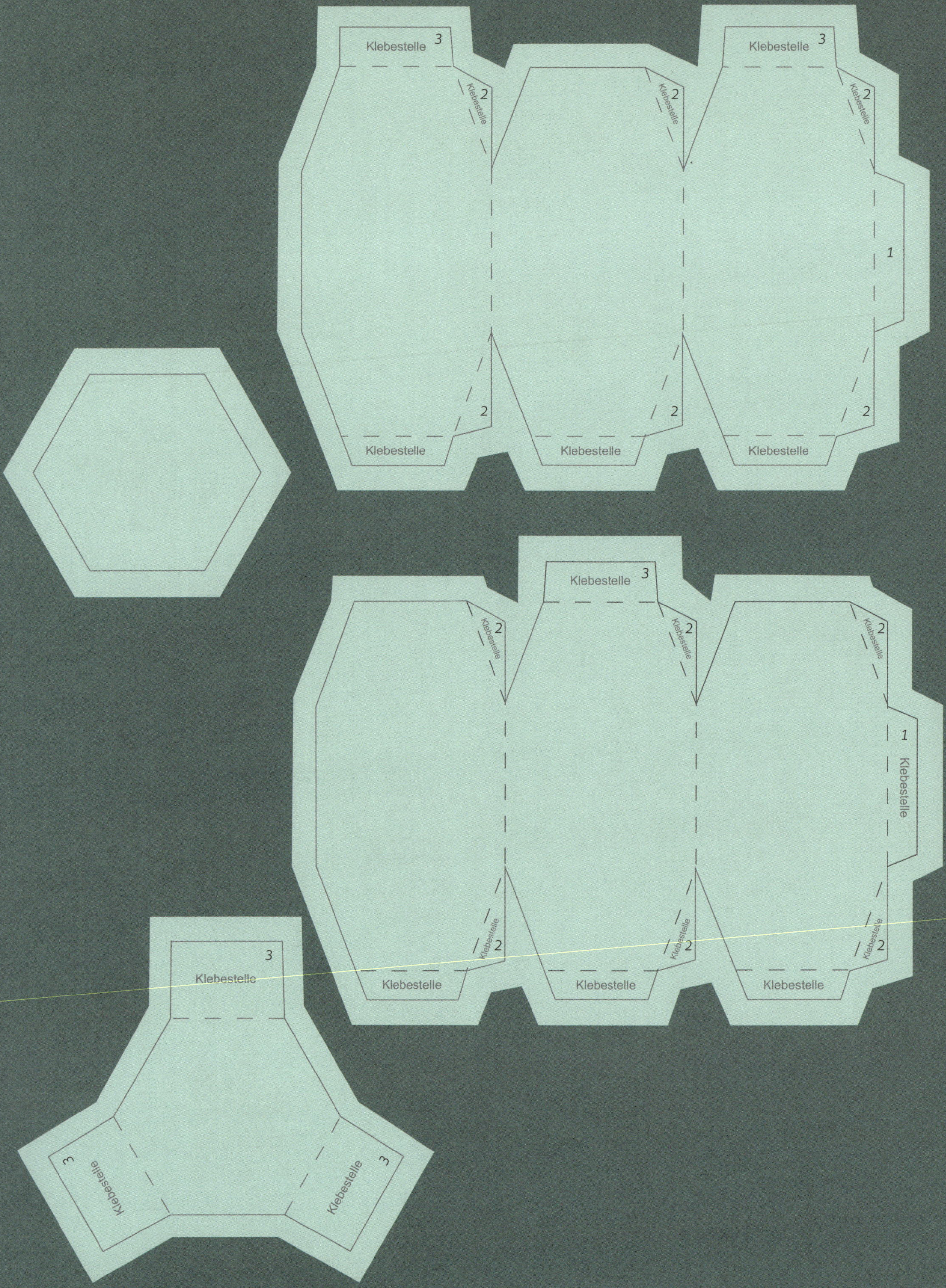
Klebestelle 3
Klebestelle 2
Klebestelle 2
Klebestelle 3
Klebestelle 2
1
2
2
2
Klebestelle
Klebestelle
Klebestelle
Klebestelle 3
Klebestelle 2
Klebestelle 2
Klebestelle 2
1
Klebestelle
Klebestelle 2
Klebestelle 2
Klebestelle 2
Klebestelle
Klebestelle
Klebestelle
3
Klebestelle
3
Klebestelle
3
Klebestelle

Zwei Falt-Rentiere

Die Anleitung findest du auf S. 7.

Festliche Geschenkanhänger

SCHERE • BÜROLOCHER
SCHLEIFENBAND

1 Schneide die Anhänger entlang der Außenlinien aus und stanze ein Loch in die vorgegebene Stelle.

2 Jetzt kannst du die Anhänger beschriften und mit einem hübschen Schleifenband an deinen Geschenken befestigen!

Zwei Papierherzen

Die Anleitung findest du auf S. 8.

Kugelstern

Die Anleitung findest du auf S. 5.

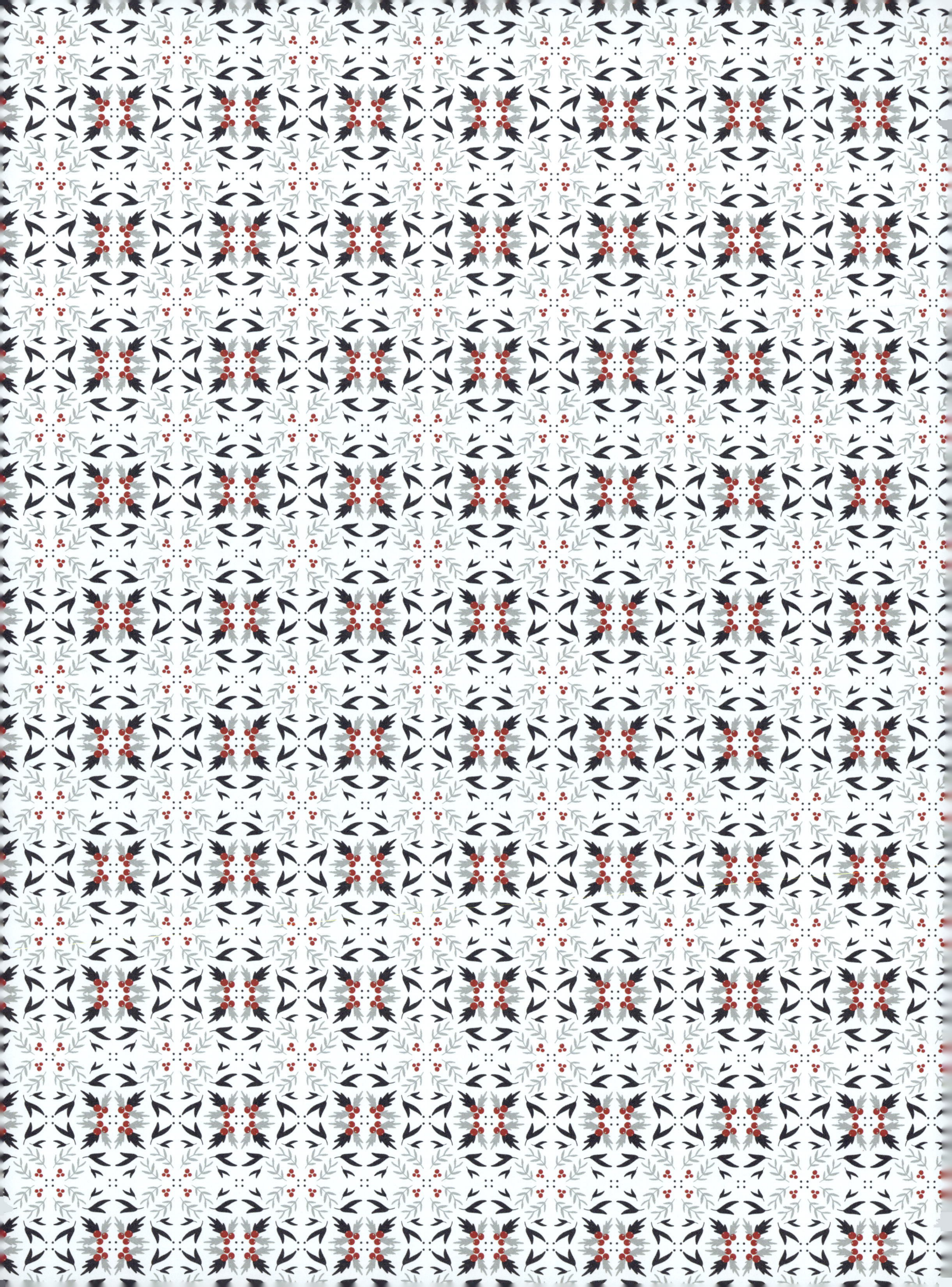

Floraler Teelichtkegel

CUTTER & SCHNEIDEUNTERLAGE • LINEAL • BASTELKLEBER • LED-TEELICHT

1 Schneide die Vorlage entlang der Außenlinien aus.

2 Danach schneidest du vorsichtig mit dem Cutter entlang der schwarzen geschlossenen Linien der Blätter und klappst diese entlang der gestrichelten Linien nach außen.

3 Nun klebst du den Kegel an der Klebestelle auf der Innenseite zusammen. Stelle ein LED-Teelicht unter den Kegel und bewundere das Lichtspiel!

Kleiner Briefumschlag

Die Anleitung findest du auf der Rückseite.

SCHERE • BASTELKLEBER

1 Schneide die Vorlage entlang der durchgezogenen Linie aus und falte die Klebestellen und Laschen entlang der gestrichelten Linien nach innen.

2 Nun klebst du die große Lasche mit etwas Bastelkleber auf die schmalen Klebestellen.

Fold & Cut-Tannenbaum

Die Anleitung findest du auf S. 10.

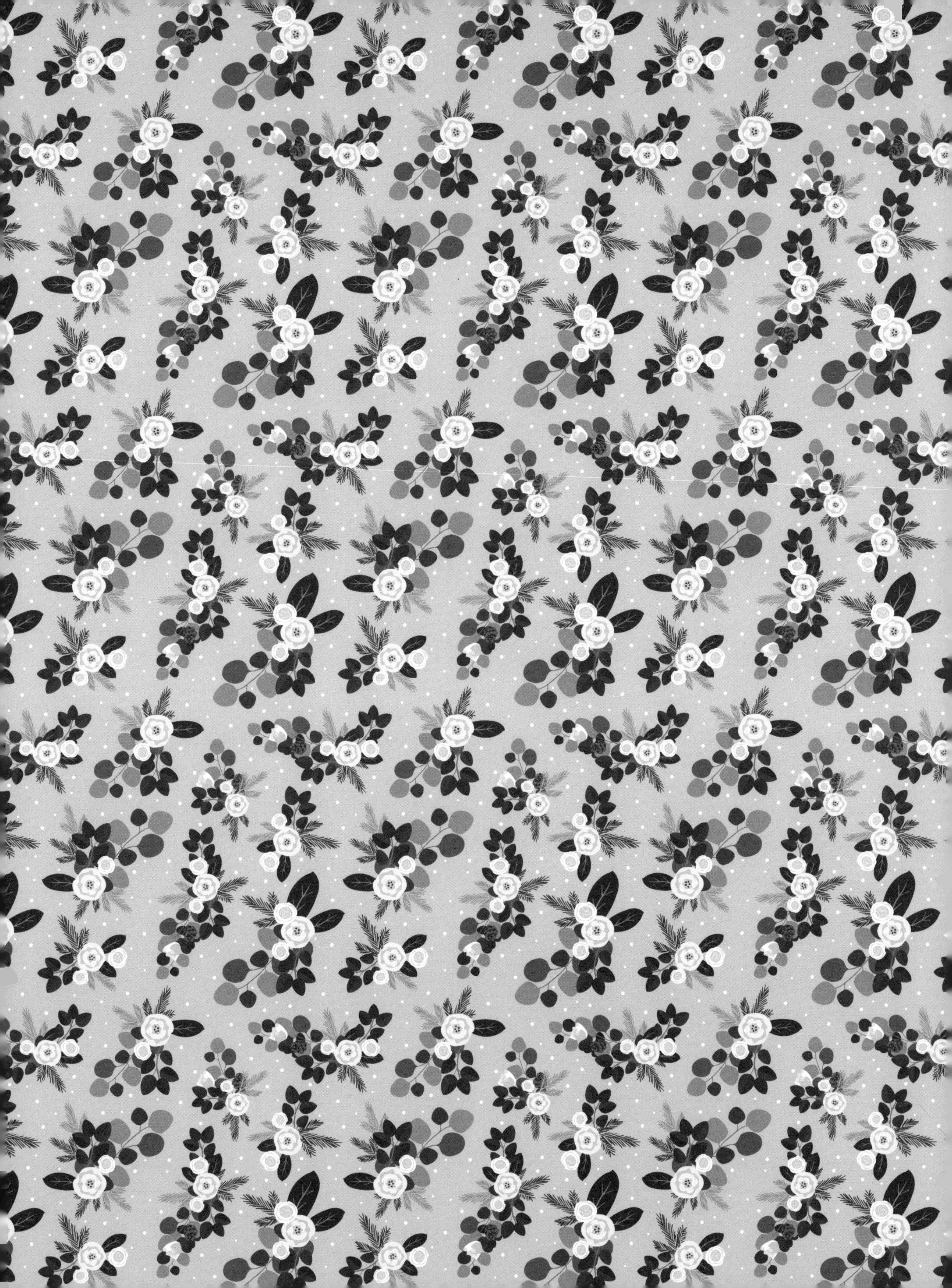

M
E
R
R
y
C
H
R

Wimpel-girlande

SCHERE • NADEL & FADEN

1 Schneide alle Wimpel entlang der Umrisse aus und sortiere sie so, dass du „Merry Christmas“ lesen kannst.

2 Mit der Nadel fädelst du den Faden durch die dunkel markierten Kreise. Du kannst die beiden Worte entweder an einem einzigen Band oder an zwei Bändern übereinander aufhängen.

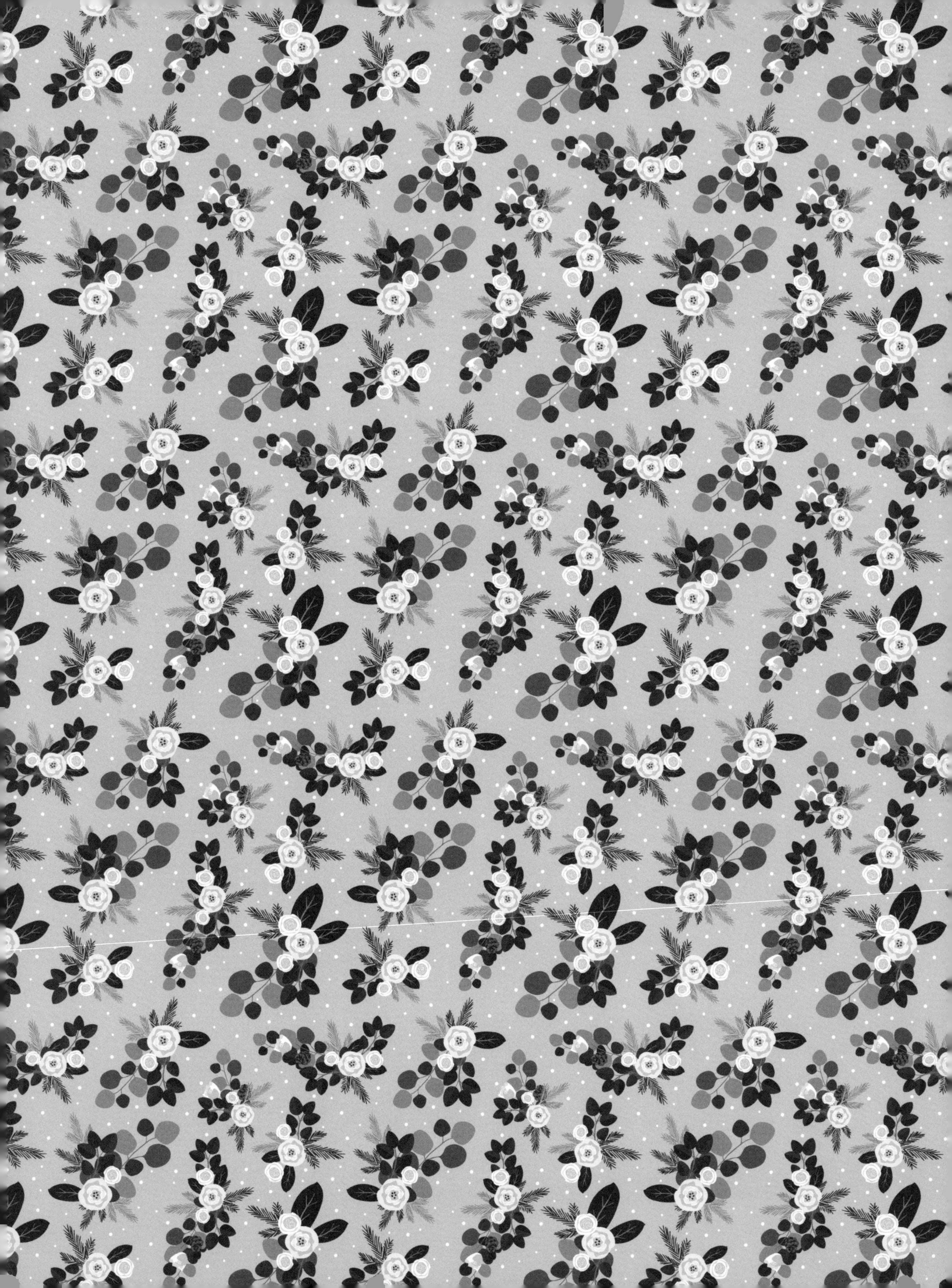

Tannenbaum-Klappkarte

SCHERE
SCHLEIFENBAND, 30 CM LANG

1 Schneide die Karte entlang der Außenlinie aus und falte die äußeren gestrichelten Linien der Karte nach außen. Entlang der beiden inneren gestrichelten Linien faltest du die Karte nach Innen.

2 Nun schreibst du deine Weihnachtsgrüße in das Innere der Karte und verschließt sie vorsichtig mit dem Schleifenband.

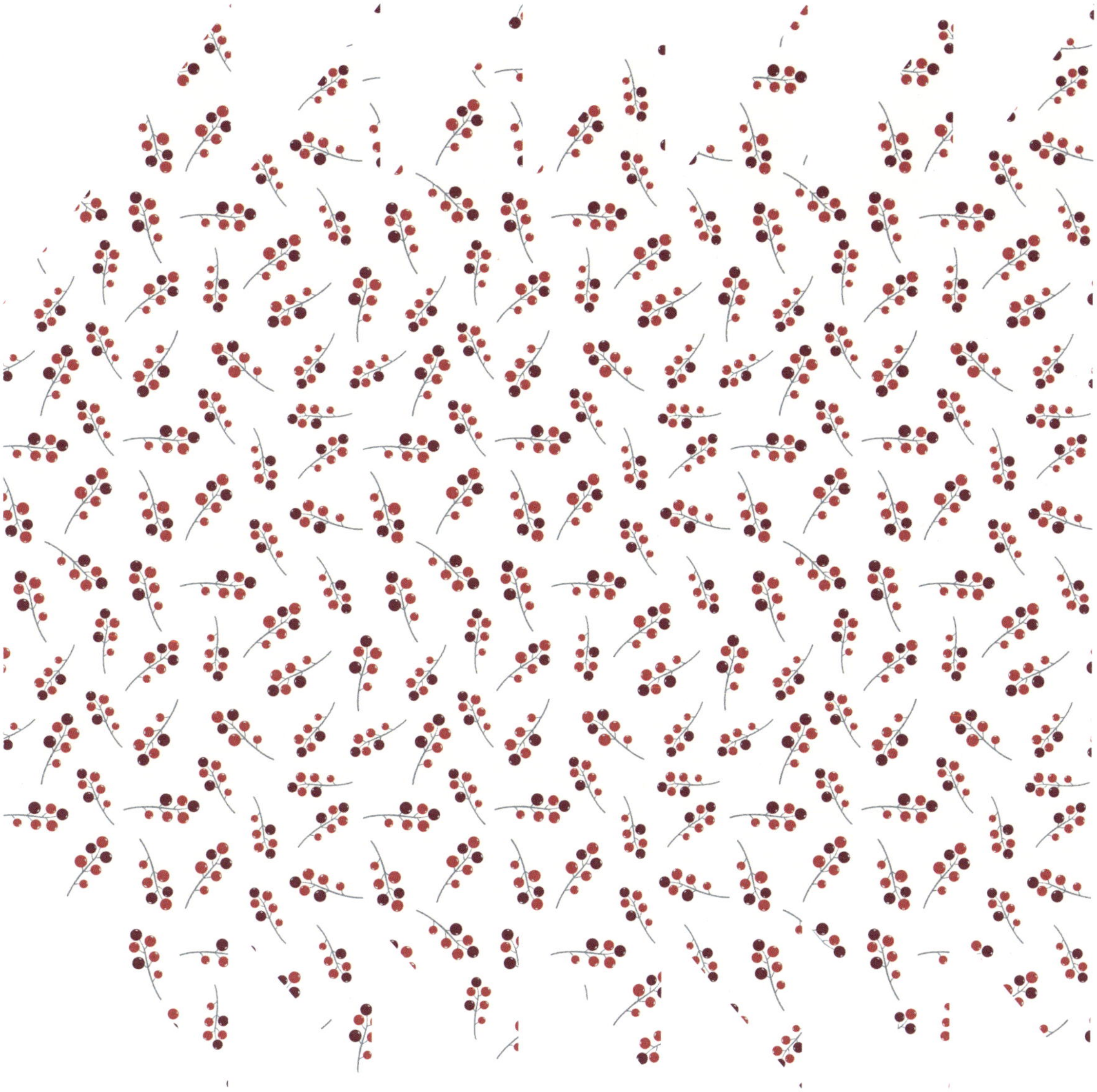

Stern-blumen

Die Anleitung findest du auf S. 10.

Stecktannenbaum

Die Anleitung findest du auf S. 13.

Sternkarten

Die Anleitung findest du auf S. 12.

Eleganter Flechtstern

CUTTER & SCHNEIDEUNTERLAGE • LINEAL • BASTELKLEBER
BÜRO- ODER WÄSCHEKLAMMERN • BAND ZUM AUFHÄNGEN

1 Schneide die zwölf Papierstreifen mit Cutter und Lineal aus. Aus jeweils sechs Streifen bastelst du nun zwei Sternmodule, dabei folgst du für jedes Modul den Schritten 2-5. Die Anordnung der Muster auf den Papierstreifen kannst du nach Lust und Laune variieren.

2 Klebe zwei Papierstreifen zu einem rechtwinkligen Kreuz in der Mitte zusammen. Der obere Streifen liegt dabei waagerecht.

3 Nun klebst du rechts und links vom senkrechten Streifen jeweils einen Papierstreifen auf den waagerechten Streifen.

4 Webe nun zwei weitere Papierstreifen wie auf der Skizze zwischen die drei senkrechten Streifen und klebe sie fest.

Fortsetzung auf der Rückseite

5 Jetzt wölbst du ringsum jeweils zwei der äußeren Streifen nach hinten und klebst ihre Spitzen bündig aufeinander. Fixiere sie mit einer Klammer während der Kleber trocknet.

6 Nachdem der Kleber der zwei Sternmodule getrocknet ist, legst du ein Modul mit der Flechtseite nach unten und der Wölbung der Sternspitzen nach oben vor dich. Dann platzierst du das andere Modul um 45° gedreht mit der Flechtseite nach oben und der Wölbung der Sternspitzen nach unten auf dem liegenden Modul. So entsteht ein Stern mit acht Spitzen.

7 Nun schiebst du die acht überstehenden mittleren Papierstreifen durch die Spitzen des gegenüberliegenden Sterns, klebst sie fest und fixierst sie mit Klammern. Sobald der Kleber getrocknet ist, kannst du die Sternspitzen ordentlich zurechtschneiden und deinen wunderschönen Flechtstern mithilfe des Bands aufhängen!

Knallbonbon-Geschenkverpackungen

Die Anleitung findest du auf S. 9.

Klebestelle
Klebestelle
Klebestelle

Weihnachtsgruß im Umschlag

Die Anleitung findest du auf S. 13.

Merry Christmas

Kleine Geschenkbox

Die Anleitung findest du auf S. 10.

Klebestelle
Klebestelle
Klebestelle
Klebestelle
Klebestelle
Klebestelle

Tannenbaumkarten zum Aufstellen

Die Anleitung findest du auf S. 12.

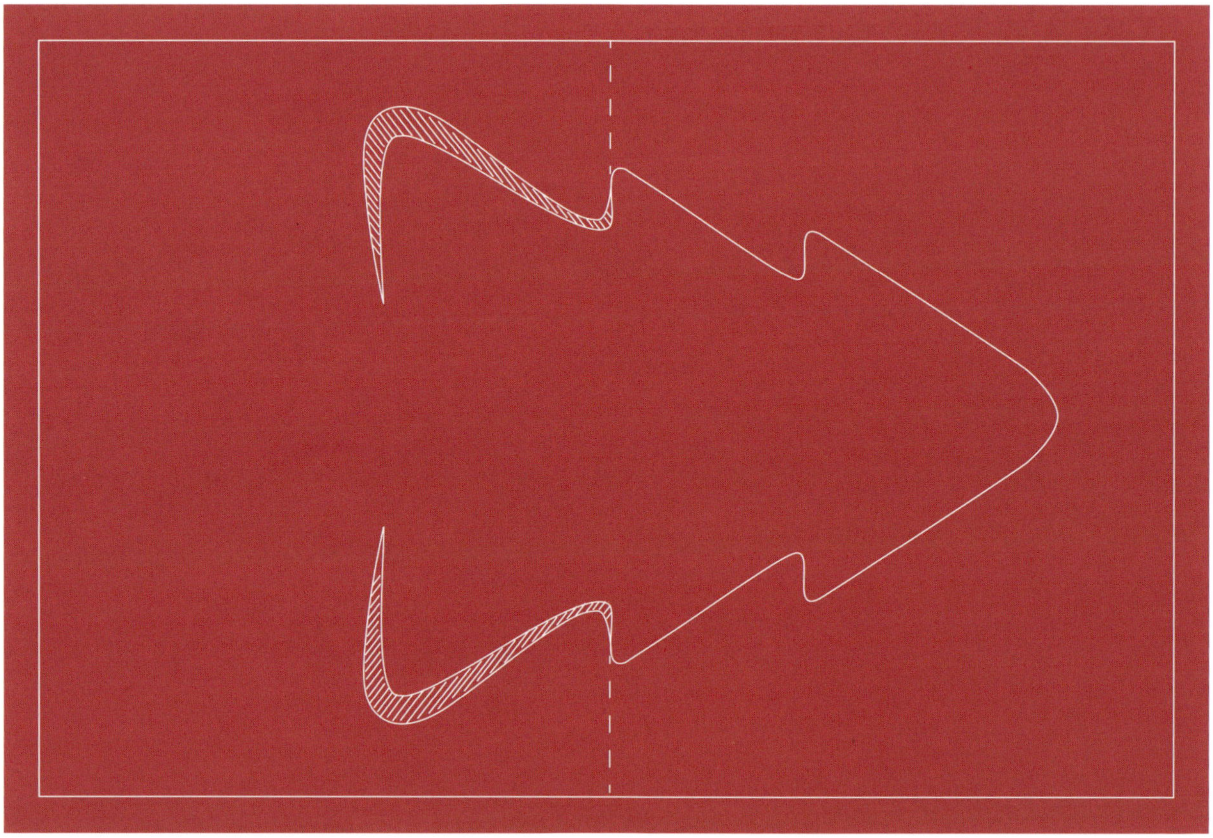

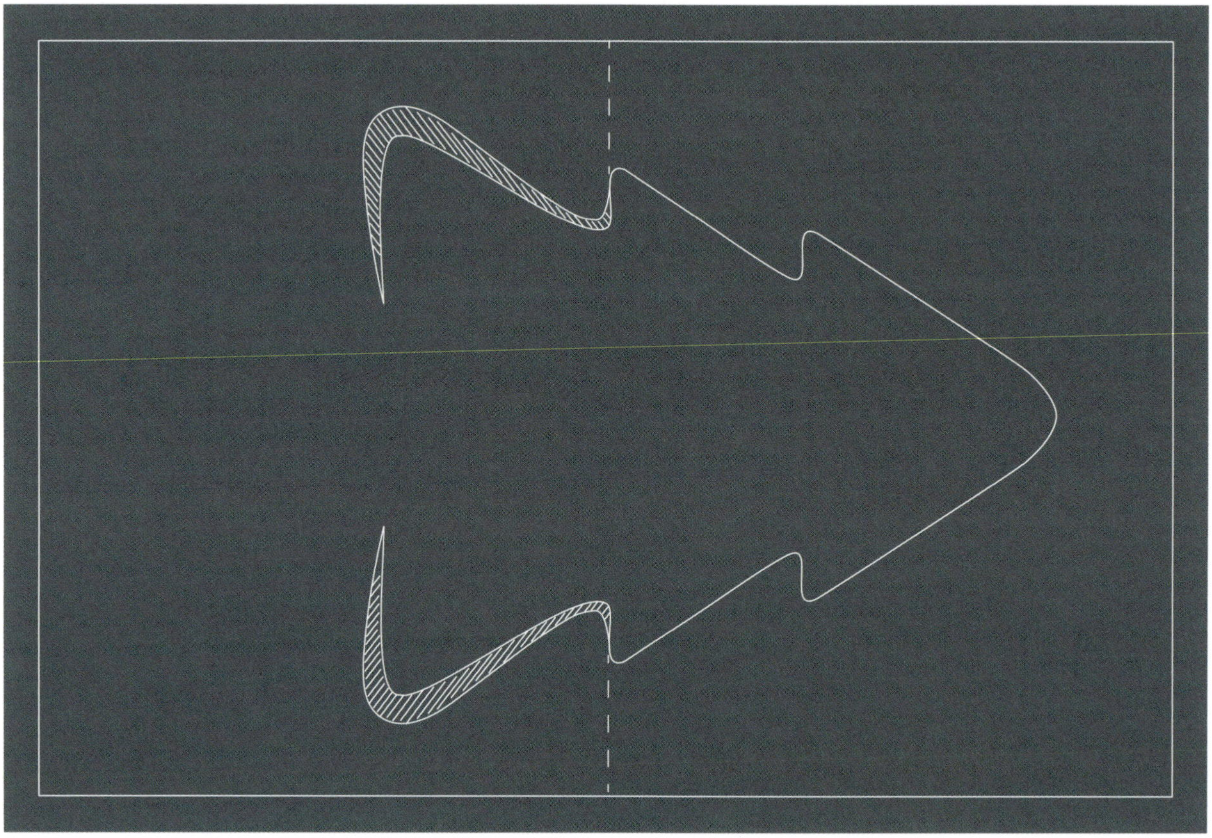

Großer 3-D-Stern

Die Anleitung findest du auf S. 6.

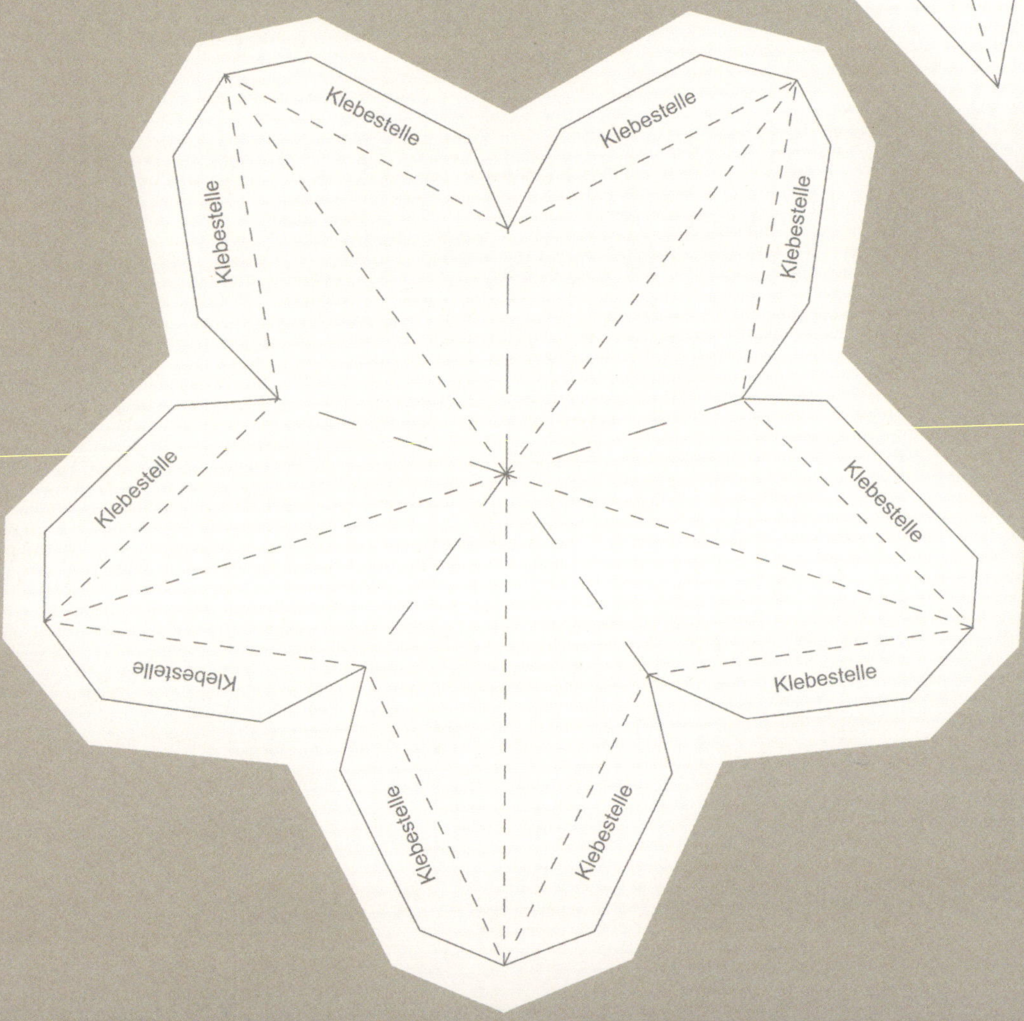
Klebestelle
Klebestelle
Klebestelle
Klebestelle
Klebestelle
Klebestelle
Klebestelle
Klebestelle
Klebestelle
Klebestelle

Postkarten

Postkarten

WEIHNACHTS-STICKER

meet me under the Mistletoe
Let it snow
from:
with love

Snowy Happy Christmas
Believe in the magic of Christmas
Merry & bright
from:

Gather
HOliDAY
wishes